AF416054

ABC
DINOSAURIER

copyright © Thomasine Media 2023

Die Bilder gehören ihren jeweiligen Eigentümern und sind für diese Veröffentlichung lizenziert

Buch erstellt von P.G. Hibbert

ISBN 979-8-8689-4864-0

ABC DINOSAURIER

Das Alphabet mit Dinosauriern lernen

P.G. Hibbert

A

Allosaurous

Brachiosaurous

Carnotaurus

Dilophosaurus

Elasmosaurus

Familie

Giganotosaurous

Hadrosaurous

Iguanodon

Jobaria

K

Kentrosaurous

Lambeosaurous

Mosasaurus

Nedoceratops

Oviraptor

Pterodactylus

Quaesitosaurus

Rebbachisaurus

Spinosaurus

Tyrannosaurus Rex

Utahraptor

Velociraptor

Wannanosaurus

Xenoceratops

Yinlong

Zalmoxes

www.ingramcontent.com/pod-product-compliance
Lightning Source LLC
Chambersburg PA
CBHW080009180726
48002CB00021B/3259

9798868948640